MW01517033

ANAGRAMMES
POUR LIRE DANS LES PENSÉES

DES MÊMES AUTEURS

Raphaël Enthoven

UN JEU D'ENFANT – LA PHILOSOPHIE, Fayard, 2007 ; Pocket, 2008.
L'ENDROIT DU DÉCOR, Gallimard, 2009.
LE PHILOSOPHE DE SERVICE (ET AUTRES TEXTES), Gallimard, 2011.
LA DISSERTATION DE PHILO (1 et 2), Fayard, 2010 et 2012.
MATIÈRE PREMIÈRE, Gallimard, 2013.
DICTIONNAIRE AMOUREUX DE MARCEL PROUST (avec J.-P. Enthoven), Plon/Grasset, 2013.
LE SNOBISME (avec A. Van Reeth), Plon, 2015.

Jacques Perry-Salkow

LE PÉKINOIS. PETIT DICTIONNAIRE ANAGRAMMATIQUE DES CÉLÉBRITÉS, Seuil, 2007.
ANAGRAMMES. POUR SOURIRE ET RÊVER, Seuil, 2009.
LES DESSOUS DES MOTS D'AMOUR. 100 ÉNIGMES, ANAGRAMMES ET JEUX DE MOTS SURPRENANTS (avec F. Schmitter), Points-Seuil, 2010 et 2012.
ANAGRAMMES RENVERSANTES OU LE SENS CACHÉ DU MONDE (avec É. Klein), Flammarion, 2011 et 2013 (éd. collector).
ANAGRAMMES À LA FOLIE (avec S. Tesson), Équateurs, 2013 ; Pocket, 2015.
PETITS PROPOS PESSIMISTES POUR PLAISANTER PRESQUE PARTOUT (avec F. Schmitter), Équateurs, 2014.

© ACTES SUD, 2016
ISBN 978-2-330-06307-8

RAPHAËL ENTHOVEN
JACQUES PERRY-SALKOW

Anagrammes
pour lire
dans les pensées

Dessins de Chen Jiang Hong

ACTES SUD

Du grec *anagramma*, "renversement de lettres",
l'anagramme est un mot formé à partir des lettres
d'un autre mot, placées dans un ordre différent.
Il n'est tenu compte ni des accents ni de la ponc-
tuation. Cette opération malicieuse peut s'ap-
pliquer à tout type d'énoncé : nom, expression,
phrase… C'est ainsi qu'on découvre des **pensées
d'artistes** dans la **tasse des peintres**.

   Tous les énoncés et les anagrammes sont si-
gnalés par des caractères gras.

   Le lecteur pourra consulter les notes en fin
d'ouvrage, p. 151 *sq*.

SOUS LES LAMPES FLOTTANTES

"Tout philosophe, écrit Raphaël Enthoven, est un innocent de haute lutte, un résistant, un homme du soleil qui persiste à tenir pour énigmatique l'univers qui semble aller de soi." Il en va de l'univers comme des mots. Usés à force d'avoir servi à tous et à tout, les mots attirent pourtant les insomnieux comme moi, les forcent à s'approcher, tels des myopes, de la matrice orthographique, à jouer avec les lettres, à les réordonnancer pour en activer le secret.

C'est dans le quartier de Montparnasse que Raphaël et moi avons pris l'habitude de nous retrouver. Il habite Paris, je vis à Tours… J'arrive les poches pleines des moissons brutes de mes nuits blanches. Au **café de la Rotonde**, notre rendez-vous, nous travaillons en buvant un **carafon de Tolède**.

Un jour, Raphaël, qui aime tant Cioran, a apporté les *Cahiers* et m'en lit des passages, d'un pessimisme radical, mais au style vif, allègre et, pour tout dire, requinquant.

— Que donnerait **l'amour, un instant de bave**? me demande-t-il tout de go.

— Oh, vous risquez d'être étonné… lui dis-je.

— L'étonnement, c'est mon métier.

— Ça donne… **un diamant bouleversant**.

— Cioran serait furieux… et ravi! s'exclame alors Raphaël, enchanté de ce coup de théâtre.

Ce jour-là, sous les lampes flottantes du plafond miroir, c'est l'évidence : l'anagramme, avec ses piquantes métamorphoses, se joue de nous, se joue d'un monde rempli d'apparences **trompeuses et… prometteuses**.

Perry-Salkow
Players work

LA LANGUE ET SES BAISERS

Comme il aime les mots, la langue et ses bai-
    sers,
Ce jeu drôle et savant qui nous donne à rêver !
Et c'est peu d'affirmer que la surprise est grande
De retrouver soudain, et comme en contre-
    bande,
Le sens et la couleur qu'on avait sacrifiés
À la remise à plat des éléments premiers.
Au philosophe il plaît que la **mort de Socrate**
Accusé d'impiété donne un **sort démocrate**,
Que l'homme de Pascal soit un **roseau pensant**,
Et celui de Molière, un **âne repoussant**,
Qu'**Emil Cioran** s'enivre, en France, en Rou-
    manie,
Des vins du désespoir et de **l'acrimonie**.
Et lui plaisent encor **l'emprise** et **le mépris**,
La chose et **le chaos**, les **tripes** et **l'esprit**.
N'en déplaise à l'amant de la kabbalistique,
L'anagramme n'a rien qui soit ésotérique :
Si **le nombril du monde** est **l'immonde rond bleu**,
Il le doit au talent, pas au miraculeux.

Pas de hasard non plus dans ces métamorphoses,
Mais la beauté de l'art qui fait rougir les roses.

Raphaël
La harpe

L'espérance

Elle ne naît pas d'un dépit mais d'un désir, d'un élan qui parie sur le présent et cherche le salut dans l'existence. L'espoir, à l'inverse, spécule sur l'avenir, suspend le bonheur à ce qui nous échappe, et nous condamne à ne jamais l'atteindre.

L'âme qui pense clair n'espère plus : lui suffisent le goût d'une pêche ou l'odeur du soleil. L'espérance, c'est l'affaire des vivants.

La présence

La matière

C'est la sève du réel. La matrice commune. La source des idées. L'origine des impressions. La substance indicible qui évolue sans se perdre, et dont les compositions forment le tableau du monde. Comment l'étudier alors qu'elle nous constitue, comment en parler sans perdre la tête ni oublier que l'esprit n'en est que la rêverie ? Comment, *en la matière*, ne pas être juge et partie ? La matière, indécise, forge à la fois l'horizon indépassable du présent et l'unique modalité de mes perceptions.

Ma réalité

À Catherine Camus.

Albert Camus

Il adorait danser. Aucune philosophie ne valait à ses yeux le geste où un corps n'exprime que lui-même, surtout s'il exhale une légère odeur de jasmin… Avant d'être le drame qui impose d'être libre et le non-sens où se cache la joie, la vie, pour Camus,

c'est la rumba !

L'amour, un instant de bave

"On ne saurait médire sans injustice, dit Cio-ran, d'un sentiment qui a survécu au roman-tisme et au bidet", et dont la dignité "tient dans l'affection désabusée qui survit à un instant de bave[1]". Soit.

Mais d'où vient alors que, quand on aime, on ne compte pas? Comment l'amour peut-il déjouer les prédictions, déplaire aux parents, se jouer des interdits, conjurer les anathèmes, se nourrir des obstacles qu'on lui oppose et sacri-fier une vie entière à la conquête d'un seul ins-tant? À quoi bon ne pas aimer? Avant d'être un antidote à la solitude ou le smoking de la lubri-cité, l'amour n'est-il pas

un diamant bouleversant?

L'épreuve de philo du bac

Quand il arrive en terminale, un élève dispose de quelques semaines pour découvrir des dizaines d'auteurs, digérer des notions en bataille, maîtriser l'art fastidieux de la dissertation et baragouiner les rudiments d'une langue absconse… tout en apprenant à penser par lui-même. Autant escalader l'Everest en tongs.

Faut-il se soumettre à l'ambition – démesurée – de "boucler le programme", ou à la tentation – déraisonnable – de donner, aux dépens du programme, à l'élève le goût de réfléchir ? Une année de philosophie ne suffit pas.

Étendre la philosophie aux classes de seconde et de première, c'est la seule façon de conjurer durablement

l'approche bleue du vide.

"Être, ou ne pas être, c'est là la question[2]"

Vivre ou mourir?
Être ou ne pas être?
Être ou pas, c'est "être" la question.
Mais qui suis-je, moi qui suis?
Et qui ne suis-je pas?
Où demeurer, si je deviens?
Peut-on être sans être ceci ou cela?
L'être est-il un apparaître promis à disparaître?
Ou bien le grand secret qui sous-tend le mouvement?
Comment *être dans le mouvement*?
Peut-on être, ne pas être, puis être de nouveau, sans être un clignotant?
Que reste-t-il de l'être quand on est dans le temps?
Si je pense, est-ce à dire que je suis?
Et le héros de roman qui découvre qu'il est le rêve d'un autre, est-il encore? Est-il aussi?

La parole ontique reste un casse-tête

Le dépassement de soi

C'est, comme Nietzsche l'enseigne, l'aptitude à aimer la vie au point d'en désirer le retour éternel, l'approfondissement de l'existence par ceux qui n'en excluent rien, le refus de refuser, l'art d'aimer ce qui n'est pas toujours aimable et de n'esquiver ni l'horreur ni la mort. La souffrance est nécessaire à qui a trop d'ambition pour n'être qu'un ambitieux ; elle nous apprend au moins son propre non-sens. Aussi le "surhumain" est-il "terrible dans sa bonté" à tous ceux qui font de la vie un jeu de quantité. Pourtant, c'est lui qu'ils suivent, parce qu'il se moque d'avoir les autres à son service

et le monde à ses pieds.

Le sens de la vie

Drôle de Graal : sa quête même prouve qu'il n'existe pas.

À quoi bon cette aventure minuscule où nous allons d'un point à l'autre, de la douleur à l'ennui, avant de mourir bientôt ?

On peut le dire comme ça, mais on peut aussi aimer la vie au point de ne pas regretter qu'elle s'achève, et constater que l'homme y cherche un sens comme un bourricot mendie son fardeau.

L'éveil des ânes

Les actes manqués

C'est l'époux qui oublie l'anneau qu'on s'apprête à lui passer au cou.

C'est la mariée livide qui dit "non, je le veux".

C'est l'enfant distrait qui, répondant à contre-cœur à son père, lui dit "au revoir, papa" au lieu de "bonjour".

C'est le professeur qui perd ses notes, ou l'élève qui casse son équerre, le jour de la rentrée.

C'est le don d'égarer son passeport quand on a peur de partir.

C'est la clef qu'on sort devant la porte de la voisine.

C'est l'avion qu'on rate et le parapluie qu'on oublie.

C'est le SMS à l'amant qu'on adresse au mari.

C'est tout ce qui nous échappe et dit la vérité.

Bref, les actes manqués

cassent le masque.

Rêve et réalité

J'ai souvent rêvé de mon propre réveil. J'ai même rêvé que je rêvais. J'ai accordé ma créance à des fantômes ou des personnages de papier. Qui peut dire, une fois pour toutes, que l'autre n'est pas un automate, ni le monde une mise en scène ? Qui est assez savant pour n'en pas douter ?

Si un ange, un démon ou un malin génie me souffle "ta vie n'est qu'un songe", comment savoir si, là encore, je ne rêve pas ? Qui empêche celui qui me détrompe de m'égarer plus avant ? Suffit-il de démonter une illusion pour être de plain-pied dans la réalité ? Car il est si aisé de troquer un mensonge contre une

vérité altérée.

L'allégorie de la caverne, Platon

— Qu'as-tu décrit?

— Des troglodytes enchaînés à la lumière d'un foyer, qui prennent leurs ombres pour la réalité.

— Que font-ils?

— Ils se trompent de lumière. Ils regardent avec les yeux du corps. Ils se *fourvoient*.

— Est-ce pour cette raison qu'ils ne connaissent pas le doute?

— Sans doute.

— Mais pourquoi l'un d'entre eux décide-t-il que cela suffit comme ça? D'où lui vient l'intuition que l'existence est un problème et que la vérité se trouve ailleurs? À quelle illumination doit-il de remplacer le feu par le soleil?

— Tu te trompes de problème. Pourquoi, après ce séjour de lumière, choisit-il soudain de redescendre dans la caverne et, au péril de sa vie, d'éclairer ses semblables? Voilà la vraie question. Pourquoi, après avoir contemplé la vérité, se jette-t-il dans la gueule du loup? Pourquoi veut-il sortir les hommes de la torpeur? Pourquoi enseigner? Pourquoi *défermer* les yeux de ses pairs? Sans doute eût-il mieux valu les abandonner à l'ignorance et à la sage folie de vénérer

le réel vacant le long de la paroi.

Clément Rosset

Qu'ils trouvent des excuses à leurs échecs, qu'ils se pensent dépossédés de la vérité, qu'ils soient sincères ou de mauvaise foi, les hommes, enseigne Clément Rosset, excellent dans l'art de dupliquer le réel, de fuir ce qui est pour adorer ce qui n'est pas.

Mais que reste-t-il de la réalité quand rien ne vient nous mentir ni nous rassurer ? Qu'est-ce que le réel dépouillé, comme d'autant de voiles, de nos stratégies d'esquive ? Un monde stupéfiant, glacial et inhumain, dont chaque phénomène relève de l'insolite. Le réel,

c'est le monstre.

La chose

Il n'y a d'objet que pour un sujet – qui le contemple, qui le juge ou qui s'en sert.

L'ensemble de ces objets forment un **monde** (ou un **démon**) que d'étroites frontières cantonnent au besoin que j'en ai, peuplé *d'autres* dont l'intérêt que je leur porte dépend de l'intérêt qu'ils ont pour moi. On appelle ça le quotidien. Ou la survie. Ou la mort dans la vie.

Mais en amont du monde, derrière les objets, avant leur synthèse par l'esprit, en deçà des filtres et des pellicules que tissent le langage et la fée utilité, tels des jouets qui prennent vie quand la lumière s'éteint, s'ébattent les choses et, dans le silence reconquis, chantent les innommables. La main d'un homme y semble un vilain ver de terre, la langue y fait penser au dos d'une araignée. On y reçoit d'abord l'épouvante en salaire, et soudain l'habitude redevient nouveauté…

On appelle ça le réel. Ou bien

le chaos.

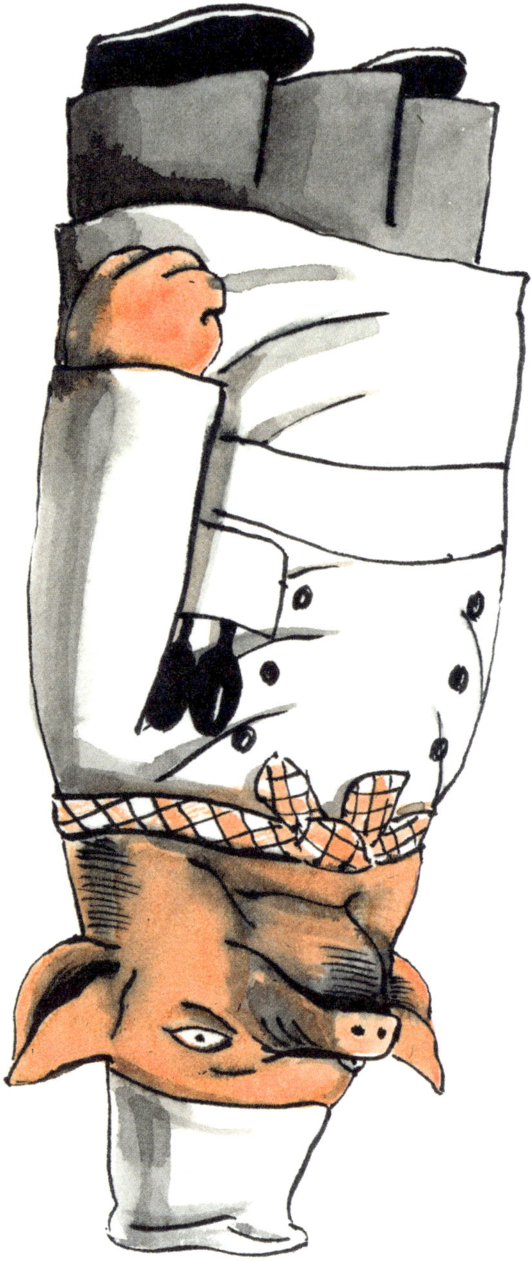

Carpe diem

Qu'on l'espère ou qu'on s'en souvienne, le bonheur est un chagrin.

Qui a jamais été heureux sans qu'une petite voix lui murmure "dépêche-toi, ça ne durera pas" ? D'où vient que toute philosophie du bonheur se donne des postulats désolants ?

Horace recommande de "cueillir le jour présent" parce que l'avenir est une inéluctable fenaison. Diderot célèbre tous les plaisirs de la vie parce que le monde ne va nulle part. Et Montaigne choisit d'être heureux parce qu'il est inconsolable de la mort de son ami La Boétie. Lucrèce, enfin, enseigne que, "de la source même des plaisirs, surgit je ne sais quelle amertume qui, jusque dans les fleurs, prend l'amant à la gorge[3]".

Le bonheur ?

Ça déprime !

René Descartes

"L'âme peut avoir ses plaisirs à part, lit-on dans le *Traité des passions de l'âme*. Mais pour ceux qui lui sont communs avec le corps, ils dépendent entièrement des passions, en sorte que les hommes qu'elles peuvent le plus émouvoir sont capables de goûter le plus de douceur en cette vie[4]."

Tendre caresse
(Et carré de sens)

Le baiser du soir

"Si incomparables l'un à l'autre que fussent ces deux baisers de paix, Albertine glissait dans ma bouche, en me faisant le don de sa langue, comme un don du Saint-Esprit, me remettait un viatique, me laissait une provision de calme presque aussi doux que ma mère imposant le soir, à Combray, ses lèvres sur mon front[5]."

Libido rassurée

La cérémonie du thé

"Monsieur Huo, vous ne savez vraiment pas reconnaître un bon thé?

— Disons plutôt que je ne veux pas le savoir. Qu'importe sa réputation, du moment que c'est un thé.

— Pourtant, il existe bien des bons et des mauvais thés.

— Comment distinguer le bon du mauvais? La nature qui leur a donné vie ne les a pas classés.

— Vous n'êtes vraiment pas un amateur de thé, en somme…

— Vous avez sans doute raison. Ce qui m'amène à dire que la qualité d'un thé ne se trouve pas dans le thé lui-même, mais dans l'appréciation du buveur. Nous faisons tous des choix. Les vôtres ne sont pas les miens.

— Comment cela?

— Boire du thé est un état d'esprit. Quand vous êtes bien disposé, qu'importe la qualité du breuvage?

— Diriez-vous par conséquent que toutes les écoles d'arts martiaux se valent, et qu'aucun art martial n'est supérieur aux autres?

— C'est ce que je pense.

— Puisqu'il en est ainsi, pourquoi organise-t-on alors des compétitions entre les écoles?

— Je suis convaincu qu'aucun art martial n'est supérieur aux autres. C'est le pratiquant qui fait la différence. Nous nous découvrons à travers l'échange avec l'autre. Car notre véritable adversaire est peut-être nous-mêmes[6]."

École d'être humain

Montaigne-La Boétie

"Parce que c'était lui ; parce que c'était moi", est-il meilleure raison qu'un tel alexandrin ?

"Nous étions moitié de tout ; il me semble que je lui dérobe sa part[7]", écrit Montaigne, à la mort d'Étienne de La Boétie, dans le plus beau chapitre des *Essais*.

Et que sont les *Essais*, d'ailleurs, sinon la lettre ouverte au défunt qui ne la lira jamais ? Ou le tombeau de l'amour sans amour-propre qu'on appelle "amitié", et sur lequel on lirait en épitaphe :

Toi, ange et noble ami.

L'avoir ou l'être

Comme ils sont pauvres, les amants de la quantité! Que feront-ils de leurs trésors? des stocks? Ignorent-ils que ce qui compte ne se compte pas?

L'or ou la vérité

Salon de madame Verdurin

C'est à la demande explicite de Mme Verdurin que le pauvre Brichot renonça, pour son plus grand malheur, à la passion d'une "gourgandine" dont les manières avaient l'heur de déplaire à la Patronne. Quand le peintre Elstir, dont madame exigeait également qu'il rompît séance tenante avec une "fille comme ça", refusa d'obtempérer, elle l'excommunia. C'est elle enfin qui, après avoir béni leur union, sépara Odette de Swann pour la flanquer du sinistre Forcheville… Mme Verdurin n'est pas seulement une mondaine chez qui le mercredi l'on a "son couvert mis", ni une mélomane qui a le bon goût de préférer Wagner à Debussy, ni même une snob qui maudit ceux qu'elle envie, et que son dreyfusisme préserve de la disgrâce ; c'est aussi une mère maquerelle qui défait les couples au gré de son plan de table.

Marivauder dans le monde

Autres temps, autres mœurs

— Dis-moi, Marc Aurèle, l'homme se conso-lera-t-il de la brièveté de son existence en espé-rant survivre dans le nom qu'il laissera à la postérité ?

— Qu'est-ce qu'un nom ? Un simple son, faible comme un écho. Combien d'hommes ignorent jusqu'à ton nom, combien l'oublie-ront bientôt ? Petit est le temps que chacun vit, rude soldat. Petit, le coin de terre où il le vit. Et petite encore, la gloire posthume.

— Même la plus durable ?

— Elle ne tient qu'à la succession de ces petits hommes qui mourront très vite, sans se connaître eux-mêmes, bien loin de connaître celui qui mourut longtemps avant eux.

Tout passe et sera murmures

La messe de minuit

Le matin du Messie

"L'homme n'est qu'un roseau,
le plus faible de la nature,
mais c'est un roseau pensant[8]"

Où est l'homme traînant sa peur,
auquel Pascal, frêle et usé,
donna un sens sublime?

Penser contre soi-même

Rien de plus simple que de penser par soi-même. Il suffit de croire à l'autonomie de l'esprit et de penser tout seul, c'est-à-dire comme tout le monde.

Autrement difficile, et intéressante, est l'ambition de penser *contre* soi-même, de forger ses doutes comme on polit des couteaux, de tenir les convictions pour des effets de surface et, au terme d'une vérité, de regarder celle d'en face.

Penser par soi-même, c'est se croire d'un seul tenant et se prendre pour l'origine de ses idées. Penser contre soi-même, c'est consentir à la coalescence des pensées, au dialogue de l'âme avec l'âme. C'est, pour le meilleur,

comme serpenter en soi.

Vision de la tolérance

Comment guérir l'islam du nihilisme qui le hante ?

La première (et peut-être la seule) chose à faire est de récuser ou, mieux, de répudier une lecture littérale des textes sacrés qui, les prenant aux mots, exhume à point nommé le commandement de tuer au nom du Tout-Puissant.

Comme la Bible ou le Talmud, le Coran n'énonce pas la vérité – mais des métaphores de celle-ci. Croire que les versets coraniques *disent* la vérité, c'est refuser de penser qu'ils la *contiennent*. L'islam a besoin d'herméneutes comme l'adolescence a besoin de protéines. Seule l'ouverture du texte à l'infinité du sens soignera l'acné de l'intégrisme. Refuser de lire le Coran tout nu, le couvrir, comme d'un vêtement délicat, de son propre commentaire, revient paradoxalement à le révéler.

Le saint Coran dévoilé

La solidarité

Droit à l'asile

Le sectarisme

Croire qu'on sait sans savoir qu'on croit.

Tenir un fait pour une valeur en soi.

Chérir comme telle l'appartenance à une communauté.

Prendre l'affect pour l'opinion, et l'opinion pour la vérité.

Laisser aux autres le choix du tort ou celui de l'accord.

Juger avant de comprendre. Penser comme on se vautre.

Se prendre pour un centre. Confondre le Bien et la loi.

Revendiquer ses droits, mais les dénier aux autres.

C'est la misère

Averroès, dit le Commentateur

C'est l'intercesseur d'Aristote, et l'hérétique aux yeux des imbéciles. De la *Physique* au *Traité de l'âme*, aucun pan de l'œuvre du Stagirite n'échappe au scalpel bienveillant d'Averroès, qui voulut réconcilier la foi et la raison, et à qui l'on doit incontestablement

la vertu renommée d'Aristote.

Emil Cioran

Le "fanatique de la vacuité" est ainsi fait que le désespoir le met en joie. "Celui, dit-il, qui ne voit pas la mort en rose est affecté d'un daltonisme du cœur", et le néant culmine dans l'éclat de rire.

Mais il lui arrive de se laisser aller et d'oublier, pour son malheur, que la vie ne rime à rien. Or, dès que son désarroi montre des signes de faiblesse et qu'il se surprend à vouloir ou désirer, alors l'existence, abjurant la légèreté qu'elle doit à l'indifférence, redevient un fardeau qui s'ignore, l'œuvre d'un âne en quête de sens, et la tristesse, une soif qu'aucun chagrin n'étanche.

En un mot, dès que Cioran verse dans l'espoir, il bascule dans

l'acrimonie.

Le réel est silencieux,

enseigne Clément Rosset. Seulement le silence
n'est pas l'absence de bruit mais l'absence de
parole... Et tout ce qui met le silence en sour-
dine témoigne de lui. Dès qu'on le meuble, on
le donne à entendre. Plus on le conjure, plus il
est criant. C'est de lui que sont extraits les mots,
et c'est à lui qu'ils retournent. Que dit donc le
silence? Que le monde n'est pas là pour nous
faire plaisir et qu'aux rêveries de l'imaginaire il
faut substituer le talent de

lire l'existence seule.

Maître Lao-tseu

"Qui sait ne parle pas
Qui parle ne sait pas
Garde la bouche fermée
Garde la porte close
Émousse tout tranchant
Dénoue tous les nœuds
Harmonise toute lumière
Mêle toute poussière
Là réside l'Unité mystérieuse
Atteins suprême vacuité
Maintiens en toi quiétude
Dans la manifestation foisonnante des choses
Je contemple leur retour
Car toute chose après avoir fleuri
Retourne à sa racine[9]"

Ou l'âme artiste

Un maître à penser

Un maître à penser ne dit pas quoi penser, mais formule (comme par miracle et mieux que vous) les intuitions dont, avant de l'entendre, vous étiez convaincu d'être l'unique dépositaire.

Un maître à penser n'enseigne rien mais dédramatise, en les devançant, les mauvaises pensées qu'on réserve au silence.

L'enjeu n'est pas d'apprendre ce qu'on ignore, mais de consentir à ce qu'on sait déjà.

Aussi le maître flatte-t-il en chacun le sentiment d'être intelligent, tout en montrant que personne n'est original.

Et la leçon d'humilité qu'il adresse enchante le narcissisme de celui qui la reçoit.

L'aura du maître lui vient du refus de soumettre.

La force qu'il donne est de changer d'avis.

Le bonheur de sa présence est une communauté d'esprits.

Aucune solitude n'y résiste.

Un ami à présenter

"Cueille le jour
sans te soucier du lendemain[10]"

On le rencontre chez Horace, dans une ode adressée à une voyante ; on le trouve chez Ronsard, dans un sonnet dédié à une belle Hélène. Pourtant, c'est dans un quartier reculé d'Athènes, à l'époque hellénistique, que le *Carpe diem* a vu le jour. "Jouissons pleinement de l'instant, car le présent seul est le temps du pur bonheur d'exister." L'homme qui rédige ces mots se nomme Épicure. Il a trente-cinq ans et vient de s'acheter un jardin pour un montant de quatre-vingts mines, une somme considérable – le prix d'une trirème avec son équipage. Il y "vit caché", selon son propre précepte. Existence simple et frugale. Végétalien, il s'accorde toutefois un morceau de fromage de temps en temps. Un verre de vin lui suffit. Peu s'en faut que ses hôtes ne vivent au pain et à l'eau ! La jouissance n'est pas affaire de quantité. Ainsi, dans l'enceinte du Jardin, les œuvres fleurissent, qui montrent la voie de la félicité.

Au seuil du Jardin,
une école, cent mille roses…

La superstition

Au nouveau pape appelé à régner, il suffit de paraître pour apparaître. À la différence des présidents qui doivent longtemps batailler pour conquérir un trône provisoire, le cardinal devenu pape embrasse une gloire éternelle à l'instant où il se montre. Étrange victoire, que rien ne précède. Un peu de fumée blanche, une soutane, un anneau, une tiare, et hop! Voici l'heureux élu couvert d'une seconde peau, de tout l'attirail de la sainteté, telle une âme qui se jette enfin dans le corps qu'*on* a choisi pour elle. Hormis le père qui ne doute pas, bien avant la naissance de son fils, qu'il l'aimera plus que lui-même, existe-t-il un équivalent à l'attente des fidèles amassés et impatients de découvrir le visage d'un inconnu qu'ils vénèrent déjà ? Le miracle est là...

Mais quelle en est la cause ? La superstition

ou l'Esprit saint?

Polisseur de lentilles

À vous, messieurs les imbéciles qui m'avez banni de votre communauté, quelle meilleure réponse de ma part que le métier de polisseur de lentilles? semble dire Spinoza. Tandis que vous spéculez sur la crédulité des hommes, moi je fais en sorte qu'ils voient plus clair. Et alors que vous infligez au monde le carcan de l'absolu, je lui enseigne que le premier pas vers la sagesse est précisément d'y renoncer, car nul ne réforme son désir ni ne fait la paix avec lui-même s'il n'accepte d'abord, en son cœur battant, le goût du luxe, l'amour de la gloire, la passion du stupre

et les perles d'illusion.

De l'entremangerie universelle

C'est par ce syntagme explicite que Hobbes décrit l'état de nature.

En amont des contrats et des civilités sommeille un monde de facultés, d'appétits et de passions élémentaires qui, si on leur lâchait la bride, feraient de tout homme "un loup pour l'homme" (ou bien un automobiliste, tant l'homme à l'état de voiture ressemble à l'homme à l'état de nature)… C'est la loi du plus fort, ou bien du plus mesquin, de tous ceux qui, portés innocemment par le désir contradictoire de s'étendre et de se préserver, s'entretueraient si on les laissait vivre. Dans ce monde avant le monde, "aussi longtemps que les hommes vivent sans un pouvoir commun qui les tienne tous en respect, ils sont dans cette condition qui se nomme guerre, et cette guerre est guerre de chacun contre chacun[11]".

Nulle règle. Rester en vie demain.

Le populisme

Le chômage ? L'étranger.
La délinquance ? L'immigration.
L'abstentionnisme ? La faute des gouvernants.
La décadence ? L'intégration.
La misère ? L'exploitation.
Etc.
Le populisme ? Une façon de grossir le trait, d'accuser le monde et d'offrir des solutions simples à des problèmes complexes.

Simple loupe

Le Front national

L'entonnoir fatal

La Terre est une charogne cosmique

"Avoir le sentiment obsédant de son néant, ce n'est pas être humble, tant s'en faut. Un peu d'humilité, un peu d'humilité, j'en aurais besoin plus que personne. Mais la sensation de mon rien me gonfle d'orgueil.

Sensation d'insecte fixé à une croix invisible, drame cosmique et infinitésimal, appesantissement sur moi d'une main féroce et insaisissable.

Je dois me fabriquer un sourire, m'en armer, me mettre sous sa protection, avoir quoi interposer entre le monde et moi, camoufler mes blessures, faire enfin l'apprentissage du masque.

Une vie de raté, de roulure, de tristesses inutiles et épuisantes, de nostalgies sans objet et sans direction ; un rien qui se traîne sur les chemins, et qui se vautre dans ses douleurs et ses ricanements[12]…"

Cet os sacré que ronge l'être humain

À **Melancholia**, *ce halo malin.*

La fin du monde est pour demain

C'est un visage blême, un regard vide. Ce sont des oiseaux qui tombent à la renverse. C'est Ophélie qui court en robe de mariée. Un cadran solaire qui désigne l'océan. Un jardin français que bordent des cyprès, avec en son milieu, marionnette égarée, une mère affolée dont les bottes s'enfoncent dans la terre. Un petit salon aux ifs enflammés. Un cheval qui succombe, comme s'il s'allongeait. Ce sont des éclairs au bout des doigts et des racines folles.

C'est un tableau de Bosch enfin réalisé. Un caillou morbide et bleuté qui sent venir la fin.

Arôme fou d'un matin splendide

La nature imite l'art[13]

La nuit attire la mer

L'Étranger d'Albert Camus

"Je savais que c'était stupide, que je ne me débar-
rasserais pas du soleil en me déplaçant d'un pas.
Mais j'ai fait un pas, un seul pas en avant. Et
cette fois, sans se soulever, l'Arabe a tiré son couteau qu'il m'a présenté dans le soleil. La lumière
a giclé sur l'acier et c'était comme une longue
lame étincelante qui m'atteignait au front. Au
même instant, la sueur amassée dans mes sour-
cils a coulé d'un coup sur les paupières et les a
recouvertes d'un voile tiède et épais. Mes yeux
étaient aveuglés derrière ce rideau de larmes
et de sel. Je ne sentais plus que les cymbales
du soleil sur mon front et, indistinctement, le
glaive éclatant jailli du couteau toujours en face

de moi. Cette épée brûlante rongeait mes cils et fouillait mes yeux douloureux. C'est alors que tout a vacillé. La mer a charrié un souffle épais et ardent. Il m'a semblé que le ciel s'ouvrait sur toute son étendue pour laisser pleuvoir du feu. Tout mon être s'est tendu et j'ai crispé ma main sur le revolver. La gâchette a cédé, j'ai touché le ventre poli de la crosse et c'est là, dans le bruit à la fois sec et assourdissant, que tout a commencé. J'ai secoué la sueur et le soleil. J'ai compris que j'avais détruit l'équilibre du jour, le silence exceptionnel d'une plage où j'avais été heureux. Alors, j'ai tiré encore quatre fois sur un corps inerte où les balles s'enfonçaient sans qu'il y parût. Et c'était comme quatre coups brefs que je frappais sur la porte du malheur[14]."

Drame brûlant, c'est Alger

Le virus Ebola

La route de l'Est sierra-léonais, celle qui conduit de la capitale, Freetown, à la région où l'épidémie est apparue. Une route désormais ponctuée de barrages. Ici, les militaires ne vérifient pas vos papiers mais votre température. Après cinq heures de route et six contrôles, nous arrivons au village de Kalia, décimé par le virus. Magasins fermés, rues désertes. Il n'y a rien là autour : ni les cris des enfants jouant librement, ni la frappe d'une pièce de monnaie contre une bouteille de Star, colonne vertébrale rythmique de la "musique de vin de palme", le blues local, ni le tintement dominical d'une cloche. "C'est un silence de plein ciel, dans l'abandon du ciel[15]."

Avoir le blues

Question sans réponse

— En quel sens dit-on qu'en philosophie les questions sont plus essentielles que les réponses?

— Il n'y a ni sagesse ni perfection en ce bas monde. La philosophie, l'affaire des vivants, en est le désir à jamais frustré. Il faudrait l'éternité pour tout savoir, or nous ne faisons que passer. C'est ainsi que nous doutons. La philosophie *aime la sagesse*, qu'elle ne connaîtra jamais et qu'il appartient, dit Montaigne, "à plus grande puissance de posséder"…

— Veux-tu dire qu'au bout du chemin il existe un *parce que sans pourquoi possible*, une ultime réponse à laquelle on parvient aux dépens de la vie, donc de la pensée?

— Tout à fait.

— Mais pourquoi chercher si l'on ne trouve pas? Répondre, n'est-ce pas enfermer la question dans l'idée qu'on s'en fait? La vérité n'est pas l'affaire de la philosophie qui se désintéresse des solutions ; elle va plus loin, effeuille, explore et creuse à l'infini les questions qu'on lui pose.

— En somme, à tes yeux, la philosophie ne croit pas en Dieu?

— Elle s'en fiche comme d'une poire! Elle veut juste savoir à quel désarroi correspond le besoin de croire en lui.

— Et l'amour de la sagesse?

— C'est la sagesse de l'amour.

Enquêtons sans espoir

"Dans ma chambre toujours les mêmes tonnerres venaient fracasser l'écho, par trombes, les foudres du métro d'abord qui semblait s'élancer vers nous de bien loin, à chaque passage emportant tous ses aqueducs pour casser la ville avec et puis entre-temps des appels incohérents de mécaniques de tout en bas, qui montaient de la rue, et encore cette molle rumeur de la foule en remous, hésitante, fastidieuse toujours, toujours en train de repartir, et puis d'hésiter encore, et de revenir. La grande marmelade des hommes dans la ville.

D'où j'étais là-haut, on pouvait bien crier sur eux tout ce qu'on voulait. J'ai essayé. Ils me dégoûtaient tous. J'avais pas le culot de leur dire pendant le jour, quand j'étais en face d'eux, mais d'où j'étais je ne risquais rien, je leur ai crié « Au secours ! Au secours ! » rien que pour voir si ça leur ferait quelque chose. Rien que ça leur faisait. Ils poussaient la vie et la nuit et le jour devant eux les hommes. Elle leur cache tout la vie aux hommes. Dans le bruit d'eux-mêmes ils n'entendent rien. Ils s'en foutent. Et plus la ville est grande et plus elle est haute et plus ils s'en foutent. Je vous le dis moi. J'ai essayé. C'est pas la peine[16]."

La révolution industrielle

nourrit la solitude en ville.

Perdre sa vie à la gagner

Cinq heures trente. Depuis dix minutes, il tente de se convaincre qu'il rêve encore. *"Bang bang, I hit the ground…"* Les trémolos d'une guitare au chant mélancolique lui ôtent ses dernières illusions. Car il est éveillé depuis longtemps quand il ouvre enfin les yeux. Trente minutes plus tard, lavé, rasé, brossé, il entame son omelette en écoutant la radio. La rue est noire, même au printemps, quand il sort du garage son tank *vintage*. Après avoir récité son texte à l'antenne, il fait sa première sieste, à la place du mort, en attendant l'ouverture de la bibliothèque où il s'enterrera jusqu'au soir. C'est ainsi que, chaque jour, il accomplit son travail de fourmi, tandis qu'à chaque instant, tout en lui

aspire à la grande grève.

La Liberté guidant le peuple
d'Eugène Delacroix

"Oh ! lorsqu'un lourd soleil chauffait les grandes
dalles
      Des ponts et de nos quais déserts,
Que les cloches hurlaient, que la grêle des balles
      Sifflait et pleuvait par les airs ;
Que dans Paris entier, comme la mer qui monte,
      Le peuple soulevé grondait,
Et qu'au lugubre accent des vieux canons de
fonte
      La Marseillaise répondait,
Certes, on ne voyait pas, comme au jour où
nous sommes,
      Tant d'uniformes à la fois ;
C'était sous des haillons que battaient les cœurs
d'homme
      C'étaient alors de sales doigts
Qui chargeaient les mousquets et renvoyaient
la foudre ;
      C'était la bouche aux vils jurons
Qui mâchait la cartouche, et qui, noire de
poudre,
      Criait aux citoyens : Mourons[17] !"

Le gueux radine, l'étendard palpite,
le ciel bouge

Du contrat social

"Trouver une forme d'association qui défende et protège de toute la force commune la personne et les biens de chaque associé, et par laquelle chacun, s'unissant à tous, n'obéisse pourtant qu'à lui-même, et reste aussi libre qu'auparavant[18]." Tel est le problème fondamental dont le *Contrat social* de Jean-Jacques Rousseau prétend délivrer la solution.

Mais où trouver, Jean-Jacques,

un accord si total ?

Critique de la raison pure

Les jours de mon ennui, j'attrapais en cachette la *Critique de la raison pure* et, tel Champollion, j'allais me réfugier sous une table pour y déchiffrer, sans la comprendre, une page de hiéroglyphes germaniques. Le cerveau en jachère laissait au corps le soin d'élaborer ses entrelacs, et c'est par la voie poétique de la seule association d'idées que l'œuvre d'Emmanuel Kant entra dans ma vie. "Analytique" et "prolégomènes" me firent l'effet de mots cochons. "Transcendantal" ressemblait à une incantation. "Synthétique" évoquait la surface d'un court de tennis *indoor*, et "critique" me semblait signifier que cet homme-là n'était jamais content.

C'est ainsi que l'épouvantable jargon kantien – loin d'éclairer le réel, de me renseigner sur les limites de la connaissance – dessina les contours d'un

paradis onirique et cruel.

Michel de Montaigne

Homme digne et câlin

"La morale a toujours le dernier mot[19]"

Alors l'amour rend Juliette à Roméo

Antigone

Désobéir est un amour.

L'insoumission n'est pas une fin en soi, mais l'heureuse conséquence d'une adhésion supérieure.

Ce n'est pas pour affirmer sa liberté qu'Antigone persiste (malgré l'interdiction de son oncle Créon, souverain de Thèbes) à rendre les hommages funéraires à son frère Polynice, mais c'est parce qu'elle est libre qu'elle ne sait pas obéir aux lois des hommes, et que leurs calculs lui sont étrangers.

Qu'importe la sanction, qu'importent les menaces… Antigone n'a rien à craindre. Les tyrans ne contraignent que son corps. Les coups pleuvent sur elle, et ne portent pas.

Quel malentendu de la réduire à son refus ! Quelle erreur de ne voir en elle qu'une enfant terrible ; Antigone mérite mieux que d'être incarnée, de nos jours, par les adolescents de tous les pays.

Antigone dit oui avant de dire non.

Antigone est abnégation

Et non seulement

négation.

Paris est une fête

et Paris est en feu

Hadès

Arrivé en un lieu au-delà de l'Océan, Ulysse tire son vaisseau sur le bord du courant et se rend à l'endroit que lui a indiqué Circé : la maison d'Hadès ou le royaume des morts.

"Quand j'ai fait la prière et l'invocation au peuple des défunts, je saisis les victimes ; je leur tranche la gorge sur la fosse, où le sang coule en sombres vapeurs, et, du fond de l'Érèbe, je vois se rassembler les ombres des défunts qui dorment dans la mort : femmes et jeunes gens, vieillards chargés d'épreuves, tendres vierges portant au cœur leur premier deuil[20]…"

Daesh

Le nombril du monde

Contresens du trou qui se prend pour un centre
Vanité de la flamme qui se croit foyer
Ou bien d'une bouche épaisse comme un ventre
Et de l'horizon vu comme une extrémité

L'immonde rond bleu

Le fanatisme

"Le besoin d'une foi puissante, constate Nietzsche, n'est pas la preuve d'une foi puissante, c'est plutôt le contraire[21]."

L'âme et sa fin

La vraie vie est ailleurs

Rimbaud a pris la fièvre des "marais occidentaux". Mauvais sang. Horreur de tous les métiers. Horreur de la patrie. Une rage déambulatoire saisit l'éternel ennuyé. "En avant, route! s'écrie-t-il. Je quitte l'Europe. Le vent marin brûlera mes poumons, les climats perdus me tanneront." Hélas! Le même regard sans illusion se portera sur les "pays poivrés et détrempés". Les mêmes activités humaines "au service des plus monstrueuses exploitations industrielles ou militaires".

Quels que soient nos détours, le monde est trop sobre.

La rivière suit sa vallée

La grande muraille de Chine

C'est un supermarché à ciel ouvert, où des Ouï-
gours édentés vous survendent des "Lolex" et
des jeunes filles vous courent après, un pull à la
main, aux cris de : *"Pure silk! Pure silk!"* On y
fait quelques pas sur des remparts inutiles, tou-
riste parmi les touristes, en songeant que, si les
Sélénites existaient, ils nous verraient peut-être.
On fait un *selfie* devant des créneaux ripolinés,
on côtoie des Allemands, des Italiens, des Russes
ou des Français. Rien n'est moins dépaysant.
Puis on remonte dans le car à pigeons, perplexe,
intoxiqué, las et pensif, le guide fait l'appel et le
chauffeur écrase une cigarette, quand soudain,
de l'autre côté des vitres en plexiglas,

le daim regarde la chenille.

Entre la solitude et la vulgarité

Les porcs-épics en hiver, raconte Schopenhauer, se pressent les uns contre les autres, pour se prêter réciproquement leur chaleur. Mais sous l'effet des piquants, ils se dispersent aussitôt. Ils s'approchent, ils se piquent. Ils s'éloignent, ils ont froid… Les porcs-épics vivent en accordéon. Ainsi, "le besoin de société, né du vide et de la monotonie de leurs propres vies intérieures, pousse les hommes les uns vers les autres ; mais leurs nombreux défauts qui les rendent antipathiques et insupportables les font bientôt se fuir… Et il n'y a de choix en ce monde qu'entre la solitude et la vulgarité[22]".

Comment sortir du cercle vicieux qui nous attache à celui qui nous fait mal ?

En comprenant, avec Nietzsche, que la solitude n'est pas un déchirement, mais la décision joyeuse de quitter le rivage à bord d'un esquif et d'épouser, sans retour, l'océan infini.

Une voile leste, l'attrait du large

Maurice Ravel, *Jeux d'eau*

Paris, 1901. Fauré arrive avec trois quarts d'heure de retard, fumant sa cigarette. "Ravel, jouez donc vos *Jeux d'eau*", dit-il en s'asseyant. Le jeune Maurice s'installe au piano. Sous ses doigts jaunis par la nicotine, toute une "fête d'eau, de cristal et de joie s'entrecroise, rit, s'éparpille et poudroie". L'imagination se perd en des jardins aux multiples fontaines "dont s'emperle la mousse ou s'avive la rouille[23]". La dernière note tombée, le maître lisse sa forte moustache à la gauloise, prédit à son élève un brillant avenir et poursuit sa rêverie. La leçon est terminée.

Rêve au jade miraculeux

Qu'est-ce que le moi ?

Un monticule de rêves dans un fagot d'entrailles ? Un paquet de passions qu'on prend pour des vertus ? La synthèse hâtive de désirs en bataille ? De quel droit faisons-nous la somme des impressions qui nous traversent ?

Écoutez, sur ce *sujet*, la parole du sceptique écossais David Hume :

"Si une impression donne naissance à l'idée du moi, cette impression doit demeurer invariablement la même durant le cours entier de notre vie, puisque le moi est supposé exister de cette manière. Mais il n'existe aucune impression constante et invariable. Douleur et plaisir, chagrin et joie, passions et sensations se succèdent les uns aux autres, et ils n'existent jamais tous en même temps. Ce ne peut donc être d'aucune de ces impressions ni d'aucune autre que l'idée du moi est dérivée, et, par conséquent, une telle idée n'existe pas[24]."

C'est quelque émoi

L'inconscient est un lac obscur

Combien de lapsus, combien d'actes manqués, combien de confidences nous ont échappé?
Combien de fois, dans l'existence, "l'émotion
fait dévier ce que nous voulions dire et épanouir
à la place une phrase tout autre, émergée d'un
lac inconnu où vivent des expressions sans rap-
port avec la pensée, et qui par cela même, écrit
Proust, la révèlent[25]"! Que faire de ce lac obscur? Nous pouvons tendre l'oreille et y entendre,
comme un rébus, la mutation d'un sens caché.
Ou bien fermer la porte, élever des digues, vivre
dans l'insouciance de l'inconscient, et, tel Barbe-
Bleue cachant ses morts, mettre ce

blanc inconnu sous clé stricte.

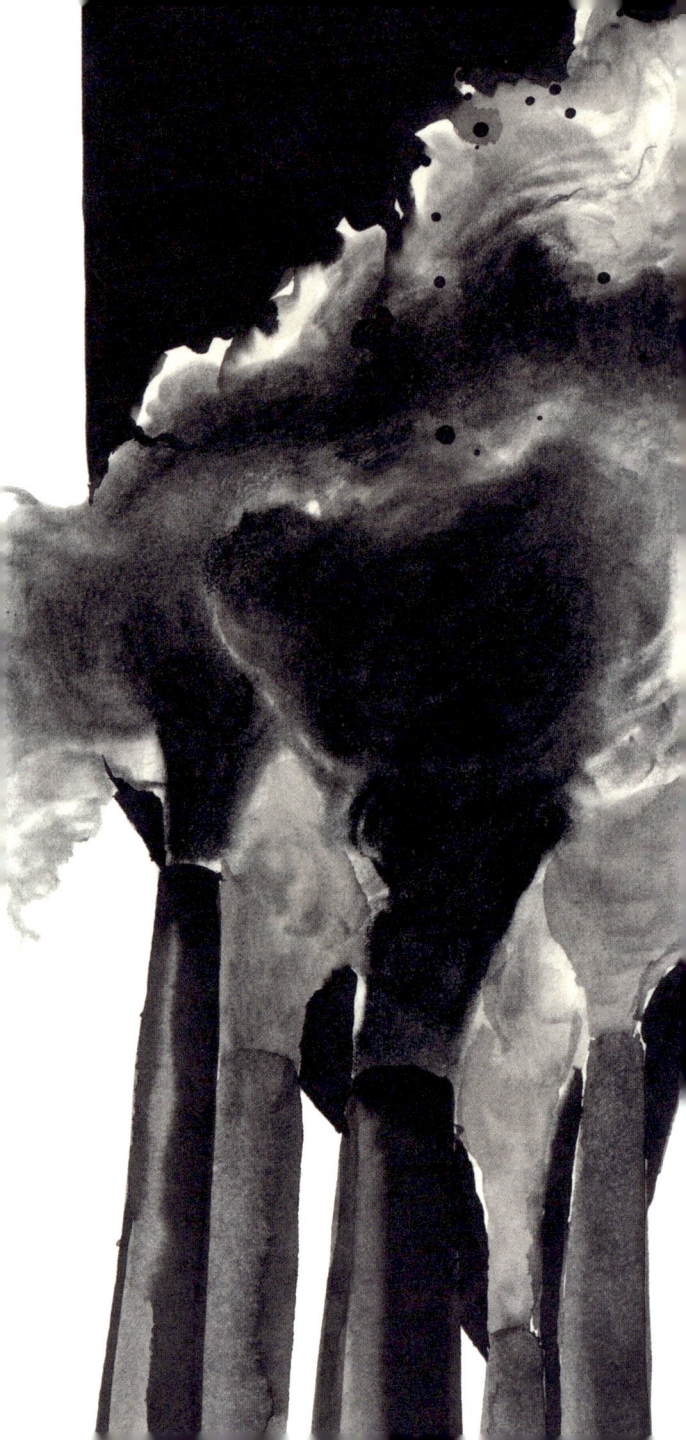

Le réchauffement climatique

Ce fuel qui tache le firmament

Lourdes, immenses, dévastatrices,
Les armes de destruction massive,
Les caves si tristes du monde amer
Et les murs vains des démocraties.

La minute de silence

Calme, dense, inutile

Le rêve américain

"— Vous êtes un enfoiré de cynique, lui dit Richard.

On entendait, en fond, la voix de Barack Obama : « Reconquérir le rêve américain, réaffirmer la vérité fondamentale que nous ne faisons qu'un… »

— Vous avez entendu ? ajouta Dick. C'est pour vous.

— Pfff… « Nous sommes un peuple… » C'est un mythe créé par Jefferson.

— Vous allez vous en prendre à Jefferson ?

— Jefferson est un saint américain parce qu'il a écrit « Tous les hommes naissent égaux ». Ce qu'il ne croyait pas, puisqu'il laissait ses enfants vivre en esclavage. Il a écrit de jolis mots pour lesquels les gens sont morts pendant qu'il dégustait son vin et baisait son esclave… *[Désignant Obama.]* Ce type nous dit qu'on est une communauté ? Ne me faites pas rire. Je vis en Amérique. Et en Amérique, on est seul. L'Amérique n'est pas un pays, c'est juste un business. Maintenant, payez-moi[26]."

La vie mercenaire

Le paradis terrestre

Le prospectus parlait d'un village édénique,
Haut d'gamme et tout confort, vraiment hors
    du commun,
Avec des prestations tout à fait fantastiques
Et des gens attentifs à nos moindres besoins.
"Venez donc, disait-il, venez vous assoupir
À l'ombre des palmiers, tandis qu'en un clin d'œil
On vous apportera, avec un grand sourire,
Des gelées d'escargots aux tiges de cerfeuil."
Prenez donc votre temps, laissez-vous caresser
Au bord d'une eau turquoise où des femmes
    exquises
Et habiles dans l'art de vous revigorer
Vous rendront la jeunesse avec la gourmandise…
L'accueil ne valait pas une livre syrienne ;
Tu te serais cru, gros, chez les moines baloches
Tant le cadre était naze et les filles vilaines.
On m'a fait croire au ciel, merde, on m'a fait les
    poches !

Plâtre de terrassier

La vieillesse est un naufrage

"C'est une bien triste science que celle que depuis vingt ans l'expérience m'a fait acquérir : l'ignorance est encore préférable. L'adversité sans doute est un grand maître ; mais ce maître fait payer cher ses leçons, et souvent le profit qu'on en retire ne vaut pas le prix qu'elles ont coûté. D'ailleurs, avant qu'on ait obtenu tout cet acquis par des leçons si tardives, l'à-propos d'en user se passe. La jeunesse est le temps d'étudier la sagesse ; la vieillesse est le temps de la pratiquer. L'expérience instruit toujours, je l'avoue ; mais elle ne profite que pour l'espace qu'on a devant soi. Est-il temps, au moment qu'il faudrait mourir, d'apprendre comment on aurait dû vivre ! […] Ainsi, toutes les expériences de mon âge sont pour moi dans mon état sans utilité présente, et sans profit pour l'avenir[27]."

Vigne austère sans la feuille

On se suicide toujours trop tard

"Ne se suicident que les optimistes, les optimistes qui ne peuvent plus l'être[28]", dit Cioran. Et pour cause : les raisons de vivre deviennent vite, quand on s'avise de leur vacuité, des raisons de mourir. Une vie selon l'espoir expose à son renversement, à la grande déception ontologique, et à l'à quoi bon, au meurtre – ou au suicide, qui n'en est que la variation impénitente…

— Mais pourquoi l'espoir est-il toujours déçu? Pourquoi est-il toujours déraisonnable d'espérer? Par quelle malédiction l'espoir est-il le propre des volontés exténuées?

— C'est simple : si l'espoir donne l'impression d'atténuer la tristesse, c'est que la tristesse elle-même en est la source! Qui confesse que, sans espoir il se tuerait, reconnaît, par là même, qu'il est désespéré.

— Donc **on se tue toujours trop tard**?

— **Ou, en d'autres jours, trop tôt.**

Qui sait…

Discutera-t-on toujours d'espoir?

Monsieur Blaise Pascal

"Il ne faut pas que l'univers entier s'arme pour vous écraser. Une vapeur, une goutte d'eau suffit à vous défaire. Mais, quand l'univers vous atomiserait, vous seriez encore plus noble que ce qui vous tue, car vous (au moins) savez que vous mourrez ; et l'avantage qu'il a sur vous, l'univers n'en sait rien[29]."

Simple roseau si bancal

"On ne voit bien qu'avec le cœur.
L'essentiel est invisible pour les yeux[30]"

Saint-Exupéry veut, noble visée,
que l'être conçoive bien les illusions

Le Misanthrope

L'atmosphérien

La jalousie

J'avais fouillé partout ; je n'avais rien trouvé.
C'était donc qu'elle était coupable !

Où allais-je ?

La beauté est dans l'œil
de celui qui regarde

Et Dieu créa la laideur
dans le geste oblique

Le Journal du séducteur

"Il faut que j'émeuve son âme, que je l'agite dans tous les sens possibles, mais non pas par bribes et à coups de vent, mais en entier. Il faut qu'elle découvre l'infini, qu'elle apprenne que c'est ce qui est le plus proche de l'homme… Ce n'est pas par les voies laborieuses du raisonnement qu'elle doit s'efforcer d'atteindre l'infini, car la femme n'est pas née pour le travail, mais c'est par les voies faciles de l'imagination et du cœur qu'elle doit le saisir… Ce qu'elle doit apprendre, c'est à faire tous les mouvements de l'infini, c'est à se balancer elle-même, à se bercer dans des états d'âme, à confondre poésie et réalité, vérité et fiction, à s'ébattre dans l'infini. Quand elle se sera familiarisée avec ce remue-ménage, j'y associerai l'érotisme, et elle sera ce que je veux, ce que je désire[31]."

Jeu cruel d'un sale tordu

Les Chants de Maldoror

"Que me fallait-il donc, à moi, qui rejetais, avec tant de dégoût, ce qu'il y avait de plus beau dans l'humanité! ce qu'il me fallait, je n'aurais pas su le dire. Je n'étais pas encore habitué à me rendre un compte rigoureux des phénomènes de mon esprit, au moyen des méthodes que recommande la philosophie. Je m'assis sur un roc, près de la mer. Un navire venait de mettre toutes voiles pour s'éloigner de ce parage : un point imperceptible venait de paraître à l'horizon, et s'approchait peu à peu, poussé par la rafale, en grandissant avec rapidité. La tempête allait commencer ses attaques, et déjà le ciel s'obscurcissait, en devenant d'un noir presque aussi hideux que le cœur de l'homme[32]."

L'art choral des démons

"Dieu est mort !"

"Après que le Bouddha fut mort, dit Nietzsche, on montra encore des siècles durant son ombre dans une caverne – ombre formidable et effrayante. Dieu est mort : mais telle est la nature des hommes que, des millénaires durant peut-être, il y aura des cavernes où l'on montrera encore son ombre. Et quant à nous autres – il nous faut vaincre son ombre aussi[33] !"

Récuser la tutelle divine est une chose, renoncer à ses avatars en est une autre. Dieu est mort, mais son ombre se porte bien. En témoignent le goût de subordonner le réel à l'absolu, la prétention à **la vérité** (pourtant **relative**), et l'étonnante faculté de sortir d'une illusion pour basculer dans une autre… Tel Sacha Guitry de nouveau célibataire qui, avant même de se sentir seul, se demande déjà "avec qui", l'humanité livrée à elle-même n'a cessé de combler le trou qu'elle avait creusé avec la mort de Dieu.

Dieu est mort. Pour autant nous ne sommes pas

remis de tout !

Qui attise le mal ?

Les Russes ?
Les Syriens ?
Les Chinois ?
Les Kurdes ?
Assad ?
Mossad ?
Les **Droits de l'Homme** ?
Les **DOM-TOM d'hier** ?
Les banques d'affaires ?
Les émissions de gaz à effet de serre ?
Les zones d'affaires dites "émergées" ?
Les pompiers pyromanes ?
Les réseaux sociaux ?
Les **sales oiseaux creux** de Twitter ?
Les "jeunes des quartiers" (qui font chier, quand même) ?
Les trafiquants d'armes, **les mafias** ?
Ou les trafiquants d'âmes du **salafisme** ?

L'État islamique !

La propriété, source de l'inégalité

Dans son *Discours sur l'origine et les fondements de l'inégalité parmi les hommes*, Jean-Jacques Rousseau écrit : "Le premier qui, ayant enclos un terrain, s'avisa de dire *Ceci est à moi*, et trouva des gens assez simples pour le croire, fut le vrai fondateur de la société civile. Que de crimes, de guerres, de meurtres, que de misères et d'horreurs n'eût point épargnés au genre humain celui qui, arrachant les pieux ou comblant le fossé, eût crié à ses semblables : « Gardez-vous d'écouter cet imposteur ; vous êtes perdus, si vous oubliez que les fruits sont à tous, et que la terre n'est à personne[34] ! »"

Mais dérobe-t-on les objets qu'on s'approprie ? Qui dépouille-t-on de ce qu'on possède ? Et qui sont ces "arracheurs de pieux", contempteurs de la possession ? Probablement de grands adolescents incapables de voir dans la propriété, forme légale de l'indéracinable égoïsme, la possible

origine de la prospérité actuelle.

L'Ancien Régime et la Révolution

Le roi guillotiné creva net. Amen.

La révolution d'Octobre

"Marchons au pas, camarades,
Marchons au feu hardiment!
Par-delà les fusillades,
La Liberté nous attend!

Longtemps rivés à la chaîne,
La faim nous a tourmentés.
Assez, assez de nos peines!
Nous saurons nous libérer!

Brisons enfin l'insolence
Des nobles et des richards!
En terre plantons la lance
De notre rouge étendard!

Et si demain le peuple bouge
Aux quatre coins de la terre
Flottera le drapeau rouge,
Le drapeau des prolétaires[35]."

Robinet d'alcool ouvert

La fonction crée l'organe

"C'est en construisant qu'on devient constructeur, et en jouant de la cithare qu'on devient cithariste ; ainsi encore, c'est en pratiquant les actions justes que nous devenons justes, les actions modérées que nous devenons modérés, et les actions courageuses que nous devenons courageux[36]." En un mot, c'est en forgeant…

Le forgeron connaît cela

Monsieur Tout-le-monde

Ici comme là-bas, sur toute la planète, tu cherches ton pareil dans la jungle Internet.

En temps normal, personne ne te remarque, nul ne s'intéresse à toi.

Mais il suffit qu'une caméra s'approche ou qu'un micro sorte du bois pour que, soudain convaincu de ta propre importance, tu énonces doctement l'opinion que tu chéris, car tu fais, comme tout le monde, grand cas de ton propre avis.

Mais c'est ici, pourtant, que tu te distingues le moins. Car il est ordinaire, ô combien, de se prendre pour quelqu'un !

Tu es le mouton endormi

De l'idée du libre arbitre

Tout homme retient que, si la Providence l'écrase, telle une garde qui meurt et ne se rend pas, le sentiment de sa liberté lui survivra.

C'est l'avantage du panache. Il permet d'être gagnant quand on perd. Seulement voilà. La Providence est elle-même la fille aînée du libre arbitre.

Qu'est-ce que Dieu, sinon le libre arbitre en majesté dont, pour une fois, rien n'entrave les caprices ? De quel métal est composée cette ombre, sinon de nos propres envies, de nos décisions, de nos intentions ?

La Providence est une rêverie du moi qui joue à courber l'échine sous la tutelle qu'il hallucine. La Providence, c'est le libre arbitre doté (enfin) des moyens de ses ambitions.

Dieu est le surhomme qu'on voudrait être, le dépositaire de nos regrets, le désir qu'on tient pour une réalité, la vérité qui se prend pour un rêve, l'enfant chéri de parents irresponsables, le roi rêvé du moi.

L'homme a créé son Créateur et, pour le pire, il l'a créé à son image. C'est ainsi que, hallucinant les fantômes qu'il a lui-même conçus, l'homme s'invente une adversité qui donne à la vie les contours flatteurs d'une défaite, et il joue à la bagarre en feignant d'entrevoir, sous les hasards silencieux de l'existence,

la bride terrible de Dieu.

"Et si le ciel était vide…"

"Abderrahmane, Martin, David
Et si le ciel était vide

Tant de processions, tant de têtes inclinées
Tant de capuchons, tant de peurs souhaitées
Tant de démagogues, de Temples, de Synagogues
Tant de mains pressées, de prières empressées

Tant d'angélus
Qui résonnent
Et si en plus
Y a personne[37]."

Ta vie, elle est dite ici

"Les machines ont remplacé ceux qui travaillent, mais un jour elles remplaceront aussi ceux qui ne font rien[38]."

Une brève de comptoir

comporte bien du rêve…

Monseigneur Bossuet,
l'Aigle de Meaux

"Que je méprise ces philosophes qui, mesurant les conseils de Dieu à leur pensée, ne le font auteur que d'un certain ordre général d'où le reste se développe comme il peut ! Comme s'il avait à notre manière des vues générales et confuses, et comme si la souveraine intelligence pouvait ne pas comprendre dans ses desseins les choses particulières, qui seules subsistent véritablement[39]."

Diable, les goûteux sermons !
Une magie !

De la démocratie

Comment éviter qu'en démocratie
L'éloquence tienne lieu d'argument,
La flatterie fasse office de conviction,
L'équivalence des droits dégénère en équiva-
    lence des talents ?
Comment ne pas confondre l'homme sincère
    et sa contrefaçon ?
Si l'espace public chérit les désaccords,
Si chacun librement y donne son avis,
Si les débats ne sont plus que des corps à corps,
    et encore,
La démocratie n'est qu'

art de la comédie.

Mort de Socrate

C'est une Athènes en lambeaux, ruinée par la guerre, nostalgique de sa grandeur et convaincue de devoir sa défaite contre Sparte à la perte de ses traditions, qui condamna Socrate.

Libre, inclassable, insolent, contempteur de la démocratie qu'il tient pour un régime instable et propice au retour des tyrans, le vieillard avait tout pour déplaire aux puissants endormis. C'est ainsi que la démocratie athénienne organisa le premier procès stalinien.

On l'accusa du pire, et même du meilleur, on le traita d'impie et de corrupteur. Il répondit avec l'arrogance des gens qui prennent tous les coups parce qu'ils n'offrent aucune prise : "Vous pouvez me tuer, vous ne saurez me nuire. Vous allez vivre et je vais mourir, qui de nous a le meilleur partage ? Nul ne le sait…" Puis, après avoir ingéré d'une seule traite un breuvage **à tordre l'estomac**, il mourut sans ciller ni se plaindre de son

sort démocrate.

Connais-toi toi-même

— Pourtant, moins on se connaît, mieux on se porte.

— C'est vrai.

— Que reste-t-il du virtuose quand il se regarde ? Ou du funambule quand il se demande ce qu'il fait là ? La connaissance de soi est un bâton dans la roue ! Un miroir mortifère. Une entrave au mouvement. Une malédiction qui fait un charmeur du charmant.

— Tu parles trop. Se connaître ne signifie pas qu'on s'examine (ni qu'on se regarde en train d'agir) mais tout simplement qu'on connaît sa place. Dans un monde où les costumes sont trop grands et où l'orgueil joue des coudes, la sagesse est, simplement, de ne pas vouloir plus qu'on ne peut.

Ô mon ami et stoïcien !

Taedium vitae[40]

C'est le poète latin Lucrèce qui voit l'homme "sortir sans cesse de sa grande maison, tant il est dégoûté d'être chez lui, et puis tout à coup revenir, sentant bien qu'au-dehors il n'est pas du tout mieux[41]". C'est l'empereur romain Marc Aurèle qui regarde son bain et se dit : "De l'huile, de la sueur, de la crasse, de l'eau gluante, toutes ces choses répugnantes. Tel est tout objet, tel est chaque moment de la vie[42]."

Ta maudite vie

Les poilus de la Grande Guerre

Le sang lourd, le regard épuisé…

République française

Quel Africain superbe !

Intouchable

Qui dira la détresse du hors-caste, qu'on prive de tout car il est moins que rien ? Qui racontera l'histoire de l'homme qu'on met à mort quand son ombre touche le corps d'un brahmane ? Qui dira l'injustice que l'Inde a faite aux dalits et l'absurde sentiment d'un surcroît de valeur quand on se trouve plus haut ?

Chant oublié

L'argent roi

Étrangloir

Liberté, égalité, fraternité

C'est l'histoire d'un client du Sofitel à qui tout eût réussi s'il n'avait imprudemment bradé la devise de la République à l'étal de trois démons.

Ébriété, flirt et galanterie

Le Portrait de Dorian Gray

C'est un jeune homme qui fait le vœu, malheu-
reusement exaucé, de garder l'éclat de sa beauté
tandis que son portrait assumerait seul les stig-
mates de sa débauche. Pendant des années,
Dorian Gray s'est donné le plaisir de constater
que le tableau s'abîmait à sa place.

Mais – remords ou lassitude ? – la toile finit
par l'enserrer lui-même, et lui faire "comme une
conscience"…

Une nuit, il saisit un couteau et en frappe
l'image.

Les domestiques, réveillés par un cri épouvantable et le vacarme d'une chute, découvrent
Dorian Gray gisant sur le plancher, un poi-
gnard dans le cœur, le visage flétri, parcheminé,
repoussant, et aperçoivent, "accroché au mur, un
superbe portrait de leur maître tel qu'ils l'avaient
vu pour la dernière fois, dans toute la splendeur
de sa jeunesse et de sa beauté exquises[43]".

L'arrogant ridé doit payer

La peur de la mort

Sais-tu pourquoi Sisyphe fut condamné, dans le Tartare, à rouler éternellement un rocher sur un sentier montueux, à accomplir à jamais une tâche inutile ?

Sisyphe était, de son vivant, fourbe et sans-gêne. La veille du mariage d'Anticlée et de Laërte, il avait trouvé moyen de devenir l'amant de la jeune fille, qui conçut de lui le non moins rusé Ulysse. Mais son vrai crime fut d'avoir échappé aux Enfers. La première fois, il menotta la Mort elle-même. La seconde, il enjoignit secrètement à sa femme de ne pas lui rendre les honneurs funèbres et obtint d'Hadès la permission de revenir sur la terre pour organiser ses propres obsèques. Le gredin se dispensa de reparaître et vécut fort âgé.

Sisyphe, c'est un trompe-la-mort, mec.

Tromper l'au-delà

La crise de l'autorité

Qui contestera la contestation elle-même ? Comment ne pas avoir le beau rôle quand on combat l'autorité ?

Quand elle n'est pas arbitraire, ce n'est pas l'adversité qui met l'autorité en crise, au contraire.

Le combat la renforce. La sédition la justifie.

Ce sont ses défaillances. L'autorité n'est contestable que si elle manque à la double mission de garantir la survie, dans la liberté.

Dès lors, paradoxalement, l'insécurité qu'on doit à sa contestation naît souvent de son inaptitude à garantir

le droit à la sécurité.

Le travail, la famille, la patrie

La villa, le mari parfait, la télé

Mouvement des Femen

Vénus, femme et démon

On ne se baigne jamais
deux fois dans le même fleuve

Rien ne change et tout est mobile. Si le devenir est la loi du monde, si chaque entreprise n'est qu'un château de sable et si moi-même je diffère à chaque instant de moi-même, alors, paradoxalement, comme la houle et le ressac, chaque génération rejoue l'histoire dont seuls varient les contours.

La vague sans fin modifiée
emmène nos jeux de sable

Cogito ergo sum
"Je pense, donc je suis"

"Cogito ergo sum… Cogitationis nomine, intelligo illa omnia, quae nobis consciis in nobis fiunt, quatenus eorum in nobis conscientia est. Atque ita non modo intelligere, uelle, imaginari, sed etiam sentire, idem est hic quod cogitare[44]."

"Par le mot de penser j'entends tout ce qui se fait en nous de telle sorte que nous l'apercevons immédiatement par nous-mêmes ; c'est pourquoi non seulement entendre, vouloir, imaginer, mais aussi sentir, est la même chose ici que penser."

Gusto, mico, rego
"Je goûte, je palpite, je gouverne"

Benedictus de Spinoza

L'*Éthique* de Spinoza tient en peu de mots : cinq parties, soixante-quinze définitions, dix-sept axiomes et deux cent cinquante-neuf propositions suffisent à nous apprendre que l'espoir est une vertu d'esclave, que le monde est silencieux et qu'il vaut mieux prendre la réalité pour son désir que ses désirs pour des réalités. Pas plus. Pas moins. Le philosophe

dit peu, donc bien assez.

"Que nul n'entre ici
s'il n'est géomètre"

Telle est la formule qui, selon la légende, était gravée au fronton de l'Académie fondée à Athènes par Platon. L'enseignement y était tantôt oral, au motif qu'une parole vivante vaut mieux qu'une lettre morte, tantôt écrit car, tous les textes ont beau répondre de la même manière aux questions qu'on leur pose,

l'écriture signe le questionnement.

À Albert Einstein.

Ondes gravitationnelles

C'est une oscillation de **la courbure de l'espace-temps**.

C'est le **superbe spectacle de l'amour** qu'offre le tango de deux trous noirs.

C'est un spasme stellaire, comparable au plongeon du caillou qu'on jette d'un sommet dans une mer étale.

C'est la promesse d'explorer l'univers de l'intérieur, et non plus seulement avec les yeux.

C'est un vacarme, enfin, dont l'écho se serait perdu dans le silence si nous n'avions inventé des appareils si délicats qu'un frémissement de l'univers les affole.

Le vent d'orages lointains

Et la mort n'est rien pour nous

L'essentiel de l'éthique d'Épicure se trouve dans la fameuse *Lettre à Ménécée*, où le philosophe-médecin énonce quatre préceptes dont l'observance suffit à la vie heureuse : il n'y a rien à craindre des dieux, il n'y a rien à craindre de la mort, on peut aisément supporter la douleur et le bonheur se trouve à portée de main. Pour ce faire, mieux vaut consentir au néant, d'où le plaisir nous a tirés, que jouer à pile ou face l'improbable alternative du salut ou de la damnation éternelle… Autrement dit, la crainte de la mort est soluble non pas dans le déni de la mort, mais dans le face-à-face avec notre propre finitude.

Ainsi va l'enseignement d'Épicure : "La mort n'existe ni pour les vivants ni pour les morts, puisqu'elle n'a rien à faire avec les premiers, et que les seconds ne sont plus. Mais la multitude tantôt fuit la mort comme le pire des maux, tantôt l'appelle comme le terme des maux de la vie. Le sage, au contraire, ne fait pas fi de la vie et il n'a pas peur non plus de ne plus vivre : car la vie ne lui est pas à charge, et il n'estime pas non plus qu'il y ait le moindre mal à ne plus vivre[45]." Bref…

Empruntons la route et rions !

NOTES

1. Emil Cioran, *Syllogismes de l'amertume* (1952), Gallimard, "Folio", 1977, p. 113 et 117.

2. William Shakespeare, *La Tragique Histoire de Hamlet, prince de Danemark* (1604), actes III, sc. I ; trad. de l'anglais par François-Victor Hugo (1865), Shakespeare, *Œuvres complètes*, RBA France, 2015, p. 275.

3. Lucrèce, *De la nature*, livre IV ; texte établi par A. Ernout, Les Belles Lettres, 1947, p. 45.

4. René Descartes, *Les Passions de l'âme*, art. 212 ; GF-Flammarion, 1998, p. 229.

5. Marcel Proust, *La Prisonnière*, in *À la recherche du temps perdu* ; éd. de Jean-Yves Tadié, Gallimard, "Quarto", 1999, p. 1610.

6. Dialogue extrait du film *Le Maître d'armes (Fearless)* de Ronny Yu (© Focus Features, 2006 ; avec l'autorisation d'Universal Studios Licensing LLC), libre adaptation de la vie de Huo Yuanjia.

7. Montaigne, *Les Essais* (en français moderne), livre I, chap. XXVIII ("De l'amitié") ; éd. d'André Lanly, Gallimard, "Quarto", 2007, p. 233.

8. Blaise Pascal, *Pensées* (1660), § 347 ; éd. sous la dir. de Léon Brunschvicg, GF-Flammarion, 1993, p 149.

9. *Tao-Tö King*, chap. LVI ; cité *in* Anne Cheng, *Histoire de la pensée chinoise*, © Éditions du Seuil, "Livres

de référence", 1997, p. 209 ; "Points Essais", 2014 (trad. de l'auteur).

10. Le plus célèbre vers du poète latin Horace – *Carpe diem, quam minimum credula postero* – a fait l'objet de maintes traductions. Il est tiré d'une ode dédiée à une jeune femme, *Leuconoé*. Cf. *Odes*, livre I, XI, v. 8.

11. Thomas Hobbes, *Leviathan. Traité de la matière, de la forme et du pouvoir de la république ecclésiastique* (1651), chap. XIII ; trad. de l'anglais par François Tricaud, Sirey, 1971, p. 124.

12. Emil Cioran, *Cahiers 1957-1972*, © Gallimard, 1997.

13. Oscar Wilde, "C'est la nature qui imite l'art" ("Le déclin du mensonge", in *Intentions* [1889] ; trad. de H. Juin, UGE 10/18, 1986, p. 56).

14. Albert Camus, *L'Étranger* (1942) ; © Gallimard, "Folio plus classiques", 2005, p. 63-64.

15. Jean Giono, *Le Grand Troupeau*, Gallimard, 1931, p. 53.

16. Louis-Ferdinand Céline, *Voyage au bout de la nuit* (1932) ; © Gallimard, "Folio", 1972, p. 208-209.

17. Auguste Barbier, "La curée" (1830), in *Iambes et poèmes*, Paul Masgana libraire-éditeur, 1841, p. 13-14.

18. Jean-Jacques Rousseau, *Du contrat social* (1762), livre I, chap. VI ("Du pacte social") ; GF-Flammarion, 1998, p. 39.

19. Vladimir Jankélévitch, *Le Paradoxe de la morale*, Seuil, 1981, p. 34.

20. Homère, *Odyssée*, XI, v. 34-39 ; trad. du grec par Victor Bérard (1924), Le Livre de poche, 1974, p. 275.

21. Friedrich Nietzsche, "Flâneries inactuelles", in *Crépuscule des idoles* (1888) ; trad. de l'allemand par Jean-Claude Hémery, éd. de Giorgio Colli et Mazzino Montinari, Gallimard, "Folio essais", 1988, p. 85.

22. Arthur Schopenhauer, *Aphorismes sur la sagesse dans la vie* (1880), in *"Parerga & Paralipomena"*, § 396 ; trad. de l'allemand par Jean-Pierre Jackson, Coda, 2011, p. 938.

23. Henri de Régnier, *"Fête d'eau"*, in *La Cité des eaux*, Mercure de France, 1902. Ravel, qui connaissait le poète et l'appréciait, en avait lu la version manuscrite. *Jeux d'eau* est une transposition musicale de *"Fête d'eau"*.

24. David Hume, *Traité de la nature humaine*, livre I ("L'entendement") ; trad. de l'anglais par Philippe Baranger et Philippe Saltel, GF-Flammarion, p. 343.

25. Marcel Proust, *Le Temps retrouvé*, in *À la recherche du temps perdu*, éd. citée, p. 2228.

26. Extrait du film *Cogan. Killing Them Softly* d'Andrew Dominik (2012) ; © Adaptation française de Déborah Perret, 2012.

27. Jean-Jacques Rousseau, *Les Rêveries du promeneur solitaire* (1782), troisième promenade ("Je deviens vieux en apprenant toujours") ; Gallimard, "Folio classique", 1972, p. 56.

28. Emil Cioran, *Syllogismes de l'amertume*, Gallimard, "Folio essais", 1987, p. 92.

29. Blaise Pascal, *Pensées*, § 347 ; éd. citée, p. 150.

30. Antoine de Saint-Exupéry, *Le Petit Prince*, chap. XXI, Gallimard, 1946, p. 72.

31. Søren Kierkegaard, *Le Journal du séducteur* (1843), in *Ou bien... ou bien...* ; trad. du danois

par M.-H. Guignot et F. et O. Prior, Gallimard, "Tel", 1984, p. 304.

32. Isidore Ducasse, comte de Lautréamont, *Les Chants de Maldoror* (1869), chant II ; Gallimard, coll. "Poésie/Gallimard", 1973, p. 105.

33. Friedrich Nietzsche, *Le Gai Savoir* (1882), 108 ; trad. de P. Klossowski, Gallimard, "Folio-Essais", 1982, p. 137.

34. Jean-Jacques Rousseau, *Discours sur l'origine et les fondements de l'inégalité parmi les hommes* (1755) ; éd. de Jean Starobinski, Gallimard, "Folio essais", p. 94.

35. Leonid P. Radin, *Hardi camarades* : chant écrit en 1897, à Moscou, par un jeune scientifique incarcéré pour ses idées révolutionnaires.

36. Aristote, *Éthique à Nicomaque*, "De la vertu" ; trad. du grec par J. Tricot, Vrin, "Bibliothèque des textes philosophiques", 1990, p. 88-89.

37. Extrait de "Et si en plus y'a personne" (paroles : Alain Souchon, musique : Laurent Voulzy, © Éditions Alain Souchon, 2005), dans l'album d'hommage à Théodore Monod *La Vie Théodore*.

38. Jean-Marie Gourio, *Brèves de comptoir. L'anniversaire!*, © Robert Laffont, 2007.

39. Jacques-Bénigne Bossuet, extrait de l'*Oraison funèbre de Marie-Thérèse d'Autriche, infante d'Espagne, reine de France et de Navarre*, prononcée à Saint-Denis en 1683 ; *Oraisons funèbres*, Gallimard, "Folio classique", 2006.

40. "De là cette lassitude, ce mécontentement de soi, ce tourbillonnement d'une âme qui ne se fixe nulle part et cette résignation morose et douloureuse à son oisiveté" (Sénèque, *De la tranquillité de*

l'âme, II, x ; trad. du latin par Colette Lazam, Rivages poche, 1988, p. 80).

41. Lucrèce, *De la nature des choses*, livre III, v. 1060-1068 ; trad. du latin par B. Pautrat, Le Livre de poche, 2002, p. 355.

42. Marc Aurèle, *Pensées pour moi-même*, livre VIII, xxiv ; cité *in* Pierre Hadot, *Exercices spirituels et philosophie antique*, (trad. du latin par l'auteur), Albin Michel, 2002, p. 145.

43. Oscar Wilde, *Le Portrait de Dorian Gray* (1890) ; trad. de l'anglais par Jean Gattégno, Gallimard, "Folio classique", 1992, p. 378.

44. René Descartes, *Principes de la philosophie* (1644), Ire partie ; Vrin, "Bibliothèque des textes philosophiques", 2009, p. 56.

45. Épicure, *Lettre à Ménécée* ; trad. du latin par Octave Hamelin, *Revue de métaphysique et de morale*, vol. 18, 1910, p. 397.

TABLE

Sous les lampes flottantes,
    par Jacques Perry-Salkow 9
La langue et ses baisers,
    par Raphaël Enthoven 11

L'espérance 15
La matière 17
Albert Camus 18
L'amour, un instant de bave 19
L'épreuve de philo du bac 20
"Être, ou ne pas être, c'est là la question" 21
Le dépassement de soi 22
Le sens de la vie 24
Les actes manqués 25
Rêve et réalité 28
L'allégorie de la caverne, Platon 29
Clément Rosset 30
La chose 31
Carpe diem 33
René Descartes 34
Le baiser du soir 35
La cérémonie du thé 36
Montaigne-La Boétie 38

L'avoir ou l'être.. 39

Salon de madame Verdurin 40

Autres temps, autres mœurs 41

La messe de minuit 42

"L'homme n'est qu'un roseau…" 43

Penser contre soi-même 44

Vision de la tolérance..................................... 45

La solidarité 46

Le sectarisme.. 47

Averroès, dit le Commentateur 48

Emil Cioran 49

Le réel est silencieux 50

Maître Lao-tseu.. 53

Un maître à penser 54

"Cueille le jour sans te soucier du lendemain".... 55

La superstition 56

Polisseur de lentilles 57

De l'entremangerie universelle 58

Le populisme 60

Le Front national 61

La Terre est une charogne cosmique............... 63

La fin du monde est pour demain 64

"La nature imite l'art" 65

L'Étranger d'Albert Camus 66

Le virus Ebola 70

Question sans réponse..................................... 71

La révolution industrielle 72

Perdre sa vie à la gagner.................................. 73

La Liberté guidant le peuple d'Eugène Delacroix... 74

Du contrat social.. 75

Critique de la raison pure 76

Michel de Montaigne.................................... 77

"La morale a toujours le dernier mot" 78

Antigone 79

Paris est une fête.. 82

Hadès... 83

Le nombril du monde.................................... 84

Le fanatisme... 85

La vraie vie est ailleurs.................................. 86

La grande muraille de Chine.......................... 88

Entre la solitude et la vulgarité 89

Maurice Ravel, *Jeux d'eau*.............................. 91

Qu'est-ce que le moi?.................................... 92

L'inconscient est un lac obscur 93

Le réchauffement climatique.......................... 95

Les armes de destruction massive 96

La minute de silence 97

Le rêve américain 98

Le paradis terrestre 100

La vieillesse est un naufrage.......................... 101

On se suicide toujours trop tard.................... 102

Monsieur Blaise Pascal 103

"On ne voit bien qu'avec le cœur…" 105

Le Misanthrope.. 106

La jalousie 107

La beauté est dans l'œil de celui qui regarde.... 109

Le Journal du séducteur 110

Les Chants de Maldoror 111

"Dieu est mort!"... 112

Qui attise le mal?.. 113

La propriété, source de l'inégalité................. 116

L'Ancien Régime et la Révolution 117

La révolution d'Octobre.................................. 118

La fonction crée l'organe 119

Monsieur Tout-le-monde 120

De l'idée du libre arbitre 122

"Et si le ciel était vide…" 123

Une brève de comptoir................................... 124

Monseigneur Bossuet, l'Aigle de Meaux........... 125

De la démocratie... 127

Mort de Socrate 128

Connais-toi toi-même.................................... 129

Taedium vitae 130

Les poilus de la Grande Guerre 131

République française 132

Intouchable... 133

L'argent roi.. 134

Liberté, égalité, fraternité 135

Le Portrait de Dorian Gray 137

La peur de la mort 138

La crise de l'autorité 139

Le travail, la famille, la patrie 140

Mouvement des Femen................................... 141

On ne se baigne jamais deux fois dans le
    même fleuve 143

Cogito ergo sum... 144

Benedictus de Spinoza 145

"Que nul n'entre ici s'il n'est géomètre"........... 146

Ondes gravitationnelles.................................. 147

Et la mort n'est rien pour nous....................... 148

Notes 151

OUVRAGE RÉALISÉ
PAR L'ATELIER GRAPHIQUE ACTES SUD
REPRODUIT ET ACHEVÉ D'IMPRIMER
EN JUILLET 2016
PAR L'IMPRIMERIE SEPEC
À PÉRONNAS
POUR LE COMPTE DES ÉDITIONS
ACTES SUD
LE MÉJAN
PLACE NINA-BERBEROVA
13200 ARLES

DÉPÔT LÉGAL
1re ÉDITION : SEPTEMBRE 2016
N° impr. : 08374160891
(Imprimé en France)

IMPRIM'VERT®